ㅋㅋㅎㅎㅠㅠ : 이게 무슨 감정일까?

2018년 10월20일 1판1쇄 발행

글 엘리너 그린우드 | **그림** 폴리 애플턴 | **옮김** 박우정
회장 나춘호 | **펴낸이** 나성훈 | **펴낸곳** (주)예림당
등록 제2013-000041호

주소 서울시 성동구 아차산로 153 예림출판문화센터
구매 문의 전화 전략마케팅 561-9007 | **팩스** 562-9007
책 내용 문의 전화 3404-9239 | www.yearim.kr

출판사업부문 이사 백광균
책임 개발 황명숙/한현하 최방울 박지현 | **디자인** 이정애/김세영
국제 업무 최고은/김유미 | **제작** 정병문/신상덕 홍예솔
전략마케팅 채청용 | **홍보마케팅** 박서영

ISBN 978-89-302-7090-8 74180
978-89-302-7085-4 (세트)

이 책의 한국어판 저작권은 (주)예림당과 돌링 킨더슬리사와의
독점 계약으로 (주)예림당에 있습니다.
저작권법에 의해 한국 내에서 보호를 받는 저작물이므로
무단 전재와 복제를 금합니다.

Original Title :
My Mixed Emotions

Copyright © 2018 Dorling Kindersley Limited
A Penguin Random House Company
Korean translation copyright © 2018
YeaRimDang Publishing Co., Ltd.
This Korean edition was published by arrangement with
Dorling Kindersley Limited A Penguin Random House Company

First published in Great Britain in 2018
by Dorling Kindersley Limited 80 Strand, London WC2R 0RL
Printed and bound in China

A WORLD OF IDEAS:
SEE ALL THERE IS TO KNOW

www.dk.com

이 도서의 국립중앙도서관 출판예정도서목록(CIP)은
서지정보유통지원시스템 홈페이지(http://seoji.nl.go.kr)와
국가자료공동목록시스템(http://www.nl.go.kr/kolisnet)에서
이용하실 수 있습니다.(CIP제어번호:CIP2018021853)

들어가며

행복

화

두려움

슬픔

놀라운 너

차례

5	어른들에게	10	놀라운 느낌
6	자신의 감정과 마주하기	12	모든 감정이 중요해
8	감정의 본부		

14	행복에 관한 모든 것	22	특별히 널 위해서
16	오래오래 행복하게	24	긴장을 풀 시간
18	행복이라는 그릇	26	편하게, 아주 편하게
20	감사하기	28	내 마음 챙기기

30	화에 관한 모든 것	38	놓아주기
32	붉으락푸르락	40	질투 괴물
34	화와 관련된 것들	42	질투 의사 선생님
36	그건 공평하지 않아		

44	두려움에 관한 모든 것	52	새로운 환경
46	머리털이 곤두설 때	54	가족 그리고 나
48	걱정될 때는	56	나는 집이 두 개야
50	새로운 시작		

58.	슬픔에 관한 모든 것	66.	왕따 문제 해결하기
60.	맙소사!	68.	적응을 못 하겠어
62.	우울한 기분 날리기	70.	반려동물의 죽음
64.	왕따 보고서		

72.	놀라운 너	78.	나의 감정 사전
74.	나는 최고의 나	79.	용어 설명
76.	난 할 수 있어!	80.	찾아보기

침착함은 큰 힘이야!

어른들에게

어른들은 흔히 아이들의 희망이나 꿈, 두려움 등이 어른들만큼 구체적이지 않다고 생각하며 아이들의 감정을 가볍게 여기곤 합니다. 하지만 실상은 그렇지 않습니다. 아이들도 자신에게 주어진 상황들을 치열하게 느끼기 때문입니다. 실제로 아이들은 한 반에 세 명꼴로 진단 가능한 정신적 문제를 지니고 있다고 합니다. 그러니 삶의 초기에 성장하고 있는 아이들을 올바르게 이끄는 것이 중요합니다.

삶을 긍정적으로 꾸리기 위해서는 건전한 정신 건강과, 일상의 문제들에 현명하게 대처할 수 있는 회복력이 필요합니다. 자신의 감정을 깨닫고, 그것에 관해 이야기를 나누고, 때로 그것에 대해 도움을 구하는 것은 어른과 아이 모두 갖추어야 할 삶의 기술들입니다. 그것은 성공적인 인간관계와 학습을 도와주며, 궁극적으로 자신감과 스스로에 대한 믿음을 키워 세상과 맞설 수 있는 건강한 어른으로 성장하는 자양분이 되어 줄 것입니다.

아동 정신 건강 복지 단체인 '플레이스투비(Place2Be)'는 학생, 가족, 교직원들의 정서적 행복을 높이기 위해 학교를 기반으로 한 지원과 심도 깊은 교육 프로그램을 제공합니다. 또 매년 십만 명이 넘는 아이들에게 우정, 왕따, 가족의 해체, 사별 같은 다양한 문제들에 대해 느끼는 감정을 이야기하도록 격려합니다. 아이들과 감정에 관해 이야기를 나누는 것은 아무리 빨리 시작해도 지나치지 않습니다. 그리고 이 책이 그 멋진 출발점이 되기를 바랍니다.

플레이스투비 회장 및 창립자 **베니 렙슨** 드림

전문적인 도움이 필요할 땐?

때로 아이들은 전문적인 도움이 필요합니다. 아이들이 처한 상황은 저마다 다르고, 스스로는 손쉬운 답을 찾지 못할 때가 있기 때문입니다. 아이의 감정이 걱정된다면 가까운 의료 기관을 찾거나, 아이가 다니는 학교에 상담 신청을 해 보시기 바랍니다. 아이에게 맞는 올바른 방향을 짚어 줄 수 있을 겁니다. 또는 아래 서비스를 이용하는 것도 좋습니다.

* 한국아동청소년심리상담센터
  www.kccp.kr
  02-511-5080

* 한국건강가정진흥원
  www.kihf.or.kr
  02-3479-7600

* 건강가정지원센터
  www.familynet.or.kr
  1577-9337

자신의 감정과 마주하기

만나서 반가워!
오늘 기분이 어때?

감정은 삶의 모든 부분에 아주 많은 영향을 미쳐.

내 안의 감정들에 대해 잘 아는 것이 좋겠지?

흥분
긴장
수줍음
당황감
혐오감
침착함
신뢰

아주아주 중요한 네 가지 감정이에요.

 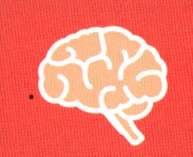

감정의 본부

느낌과 감정은

뇌의 깊은 곳에서 시작되어 머리부터 발끝까지 **모든 부분**에 영향을 미쳐요.

위협을 느끼거나 무서울 때, 뇌는 이렇게 반응해요.

감정은 여기에서 만들어져요!

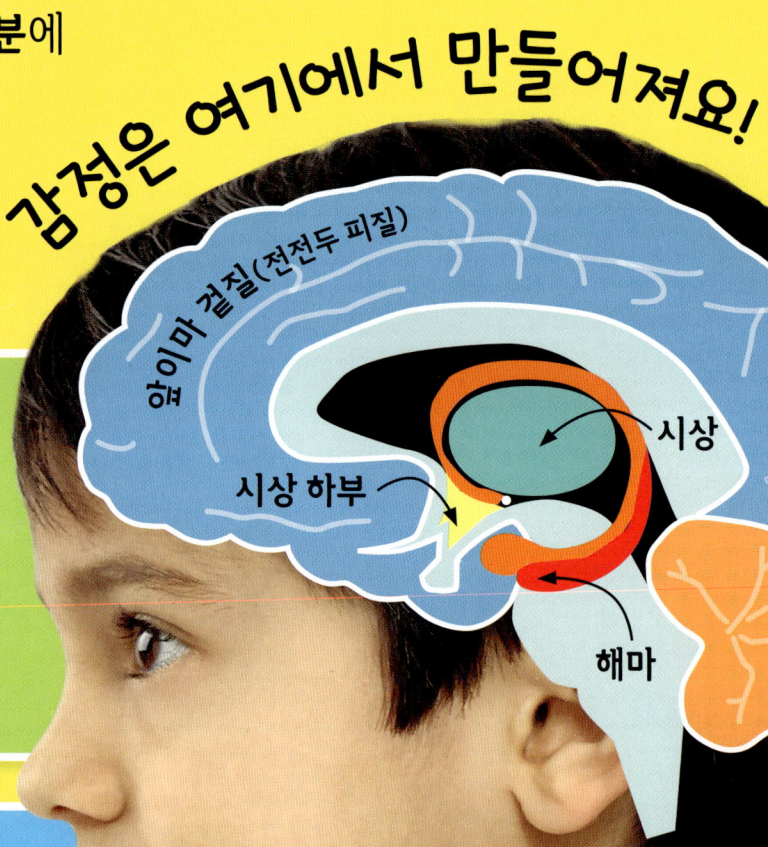

1

눈이 **커다란 거미**를 발견해요.

2

교환기 역할을 하는 대뇌의 **시상**이라는 부분이 우리 눈이 본 정보를 뇌의 다른 부분으로 전달해요.

감정은 정말 복잡해. 하지만 우리 뇌가 척척 정리하니까 문제없어!

3

해마가 '이건 무서운 거야.'라는 판단을 내려요.

이 모든 과정이 0.1초 만에 일어나요.

감정은 우리가 재빨리 반응하도록 도와줘요.

4

그러면 **앞이마 겉질**은 공포에 대응하는 화학 물질을 분비해요.

으악!

때때로 머리보다 몸이 감정에 더 빠르게 반응한다는 놀라운 사실! 네가 감정적으로 변하고 있다는 걸 알려 주는 표시들이 있어. 목이나 턱, 어깨, 팔, 손, 가슴 부분이 긴장하게 되거든. 그럴 땐 상황을 바꾸려고 노력하는 게 좋아.

5

이제 경고 반응을 일으키는 **시상 하부**가 나설 차례예요. 시상 하부가 스트레스 호르몬을 분비하라는 메시지를 보내면, 사람은 부리나케 달아나게 돼요.

도망쳐!

놀라운 느낌

여기 **우리 몸**을 나타낸 그림이 있어요.
우리 몸은 **여러 가지 감정들**을 느끼는 부위가
각각 달라요.

혐오감

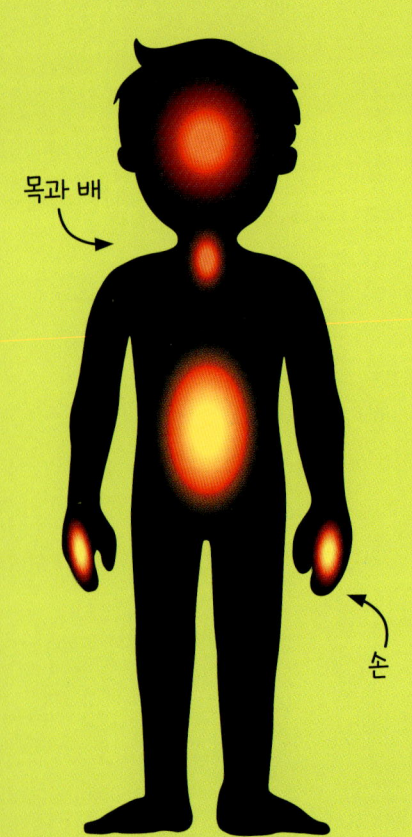

목과 배

손

행복

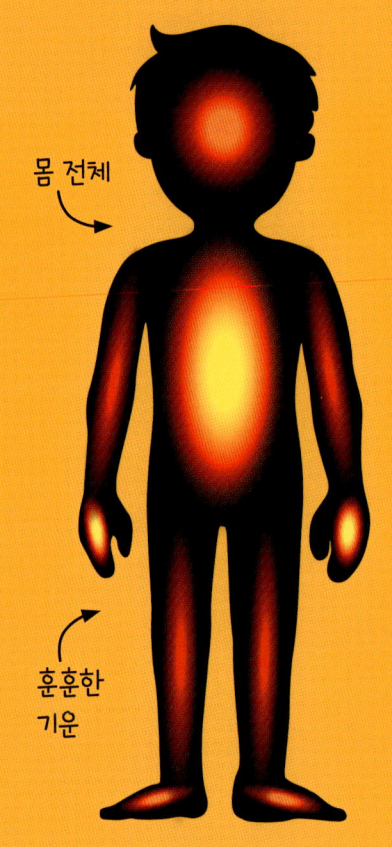

몸 전체

훈훈한 기운

화

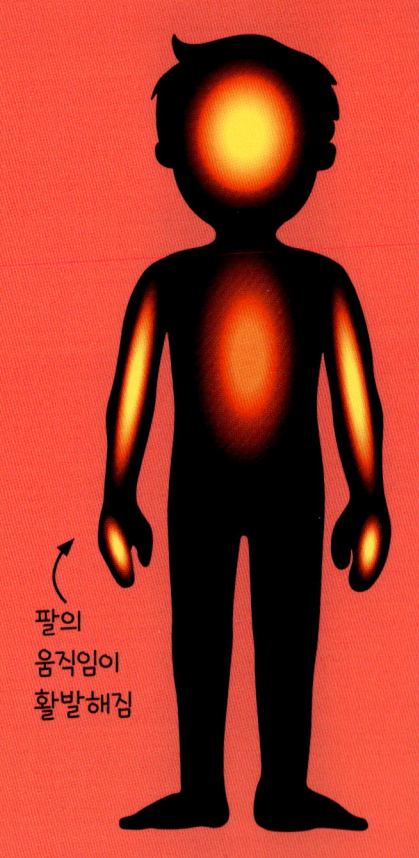

팔의 움직임이 활발해짐

뇌에서 보낸 메시지는 우리 몸 전체에 영향을 미쳐.

정말 그럴까?

몸의 윤곽을 그린 다음, 감정들이 느껴지는 부위를 색칠해 봐요.
감정을 느꼈을 때 활발해지는 부위는 빨간색으로,
힘이 빠지는 부위는 파란색으로 색칠하는 거예요.

슬픔

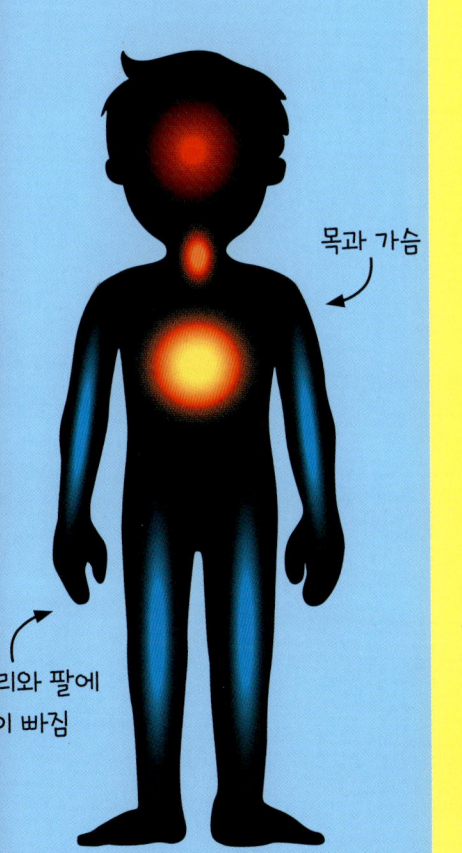

목과 가슴

리와 팔에
이 빠짐

두려움

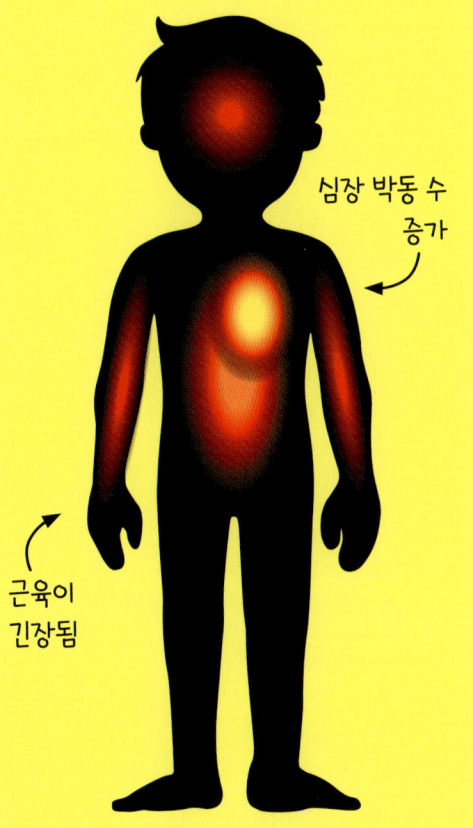

심장 박동 수 증가

근육이 긴장됨

질투

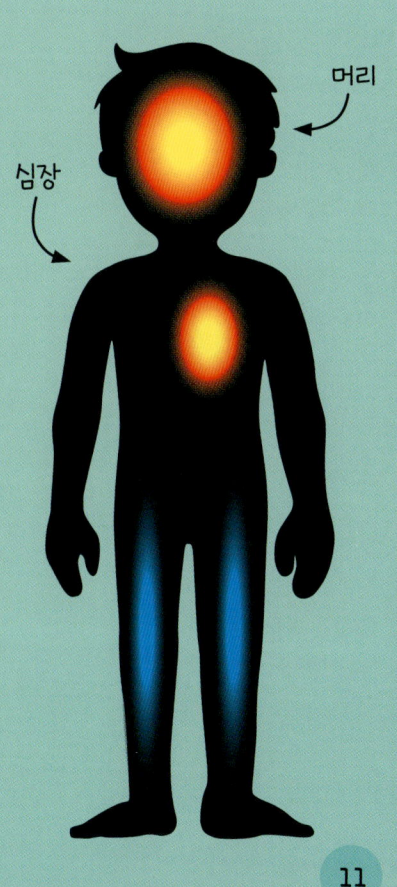

머리

심장

모든 감정이 중요해

화, 두려움, 슬픔…

모든 감정이 중요해요.
감정은 **자연스럽게** 나타나고,
그 감정들이 **나 자신을** 만드는 거예요.
감정을 표현해 봐요!

감정은 우리가 생존하게 도와줘요.

인간이 지구에 처음 걸어 다녔을 때부터, 감정은 우리가 살아남을 수 있도록 도와줬어요.

화는 우리가 자신을 지킬 수 있게 도와줘요.

화

두려움

두려움은 달아나야 할 때를 알려 줘요.

감정은 어떻게 다루는지가 가장 중요해. 난 화가 무조건 나쁜 것이라고 말하면 정말로 화가 나. 으르렁!

12

> 만약 감정이 없다면 사람도 로봇과 별반 다르지 않을 거야.

슬픔은 다른 사람들에게 내가 도움이 필요하다는 걸 알려 줘요.

감정은 왜 필요한 걸까?

감정은 다른 사람이 우리를 이해하게끔 만들어요. 우리가 자신에 대해 잘 알게 하고, 더 진실한 사람이 되도록 도와줘요. 또 다른 사람과 친밀해지도록 도와준답니다.

행복은 우리가 사람들과 잘 어울리게 하고 기운이 나게 만들어 줘요.

혐오감은 우리에게 독이 든 열매를 뱉으라고 알려 줘요.

사랑은 서로서로 밀접하게 연결된 것을 느끼고, 따뜻한 관계를 맺도록 도와줘요.

행복에 관한 모든 것

여러분 앞에는
엄청난 일들이 준비되어 있어요.
멋지고 놀라운 일들이
여러분을 기다리고 있답니다!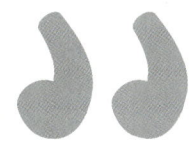

찰리와 초콜릿 공장
로알드 달

  ## 오래오래 행복하게

행복이 뭘까?

행복은 기분을 좋게 만드는 뇌의 네 가지 **화학 물질**이에요.

네가 웃으면 행복 화학 물질들이 머릿속에서 작은 파티를 벌여!

1  즐거움을 느끼면 뇌에 **도파민**이 넘쳐흘러요.

2 **세로토닌**은 좋은 기분이 계속 이어지도록 도와주고

3 **엔도르핀**은 기분을 좋게 하는 화학 물질로, 고통스러운 감정을 줄여 줘요.

4 **옥시토신**은 껴안고 뽀뽀하면 분비되는 '포옹' 호르몬이에요.

심지어 억지웃음을 지어도 행복 화학 물질이 분비된대.

웃음이 보약
웃음은 가장 재미있는 활동이에요.

뇌 속에 행복 호르몬이 넘쳐요.

면역 체계가 튼튼해져요.

폐 속에 신선한 공기가 들어와요.

뻣뻣한 근육이 풀어져요.

행복의 마법
행복한 사람들은 행복한 감정으로 더 많은 행복을 얻어요.

 기분이 좋을수록 일을 더 잘하기 때문이에요.

 행복하면 더 빨리 움직이게 돼요. 발에 바퀴가 달린 것처럼!

 행복하면 친구나 가족들과 더 잘 지내게 돼요.

 행복하면 몸이 더 빨리 낫고 훨씬 더 건강해져요.

 행복하면 스트레스와 걱정을 더 잘 떨칠 수 있어요.

 행복하면 마음이 더 넓어진대요.

 행복 에너지는 전염성이 있어서 주위 사람을 행복하게 해요.

행복이라는 그릇

내 앞에 **커다란 그릇**이 있다고 상상해 봐요.
행복 케이크를 만들기 위해서는 어떤 **재료**가 필요할까요?

자연 속에 있기

운동

행복한 추억을 떠올리기

과학자들이 실제로 이 재료들을 사용해 보니, 모두 행복 화학 물질을 증가시키는 것으로 밝혀졌어.

18

네가 정말로 좋아하는 일을 해 봐. 그게 바로 행복이야.

미소와 웃음

친구나 가족들과 함께 어울리기

고맙다고 표현하고 감사한 마음 가지기

또 다른 재료들이 있을까?

게임

게임은 아주아주 재밌어요. 그런데 게임이 행복한 추억을 만드는 좋은 방법일까요? 과학자들은 게임보다 친구나 가족과 함께하는 활동이 더 큰 행복을 불러온다고 말해요. 행복 균형을 맞추기 위해 노력해 봐요.

행복 선택하기

삶은 마치 롤러코스터 같아요. 오르락내리락할 때가 많으니까요. 삶을 살아갈 때는 좋은 것을 중심으로 긍정적인 생각을 하는 습관을 갖는 게 좋아요. 그리고 지금의 내가 가장 행복해질 수 있는 결정을 내려요.

감사하기

안녕! 널 만나서 즐겁고 신나. 내 친구가 되어 줘서 정말 고마워.

내가 어떤 **축복**을 받았는지 헤아려 보고, **내 삶의 좋은 것들 모두**에 감사하는 것도 더 행복해질 수 있는 방법이에요.

정말 고마워!

감사하다는 게 단지 "감사합니다."라고 말하는 걸 뜻하지는 않아요. 감사는 정말 고맙게 여기는 감정을 말해요. 매일매일이 완벽한 하루가 될 수는 없지만, 작은 일에도 감사하는 마음을 가지면 부정적인 감정들이 씻겨 나가고 행복함이 남을 거예요.

한 손으로 헤아리기

'난 무엇에 감사할 수 있을까?'라고 자신에게 물어봐요. 무엇이 떠오르나요?

손을 보면서, 혹은 종이에 손을 올려놓고 모양을 따라 그려요. 그리고 감사할 만한 일들을 손가락마다 하나씩 말해 봐요.

아마 다른 손도 필요하게 될걸요!

감사와 행복은 서로 밀접하게 이어져 있어.

기쁨을 주는 작은 일들

세상에는 감사해야 할 일이 정말 많아요.
자신에게 없는 것들이 아니라,
지금 가지고 있는 것들(작은 것이라도)을
생각해 봐요.

특별히 널 위해서

누구나 확실하게 가지고 있는 **한 가지**는 바로 **자기 자신**이에요! 이제부터 자기 자신이 얼마나 멋진 사람인지에 대해 감사해 봐요.

> 여기 이 아름다운 꽃밭을 봐.
> 꽃 한 송이, 한 송이마다 모두 특별한 점이 있어.
> 이 꽃들로 꽃다발을 만들어 너 자신에게 선물한다고
> 상상해 보렴. 이 중에서 널 가장 잘 묘사할 수 있고,
> 또 네가 스스로에게 감사할 만한 것들로 골라 보는 거야!

난 배려심이 많아.
난 창의적이야.
난 똑똑해.
난 끈기력이 강해.
난 정직해.
난 재미있어.
난 친절해.
난 다정해.
난 긍정적이야.
난 정직해.
난 체계적이야.

> 네가 가지고 있는 무지개들을 생각해, 폭풍우들 말고.

참 잘했어요!

매일매일 감사할 일이 아주 많아요.
오늘은 어떤 감사할 만한 일을 했나요?
아무리 작은 일이라도 괜찮아요.

- 내가 가진 것을 나눴나요?
- 열정적인 하루를 보냈나요?
- 열심히 노력했나요?
- 용감한 일을 했나요?
- 빵 터지는 농담을 했나요?
- 친구에게 친절했나요?

이 모든 일들은 바로
나라서 할 수 있었던 거예요.

난 용감해.
난 상상력이 풍부해.
난 애정이 많아.
난 참을성이 많아.
난 장난기가 많아.
난 에너지가 넘쳐.
난 대담해.
난 감각 있어.
난 생각이 깊어.
난 쾌활해.
난 열심히 노력해.
난 사람들을 잘 도와줘.

긴장을 풀 시간

긴장을 풀고 차분해지면 **행복 균형**을 맞추기가 더 쉬워져요.
지금부터 **마음을 편하게** 가져 봐요.

긴장을 풀면 어떤 긍정적 효과를 얻을 수 있을까요?

- 소화가 더 잘돼요.
- 편하게 숨을 쉴 수 있어요.
- 혈압이 내려가요.
- 아픈 몸이 빨리 회복돼요.
- 집중력이 높아지고 기분이 좋아져요.
- 잠을 더 푹 자게 돼요.
- 심장 박동이 느려져요.
- 스트레스 호르몬이 덜 분비돼요.
- 온몸의 근육이 편해져요.

긴장을 풀면 정말 좋아. 너도 한번 해 봐!

여러분은 어떻게 긴장을 푸나요?

긴장을 풀 수 있는 활동들을 찾아봐요.

- 조용히 산책하기
- 운동하기
- 음악 듣기
- 따뜻한 물에 목욕하기
- 심호흡하기
- 재미있는 영화 보기
- 편히 누워 있기

지칠 때 / 스트레스를 받을 때 / 걱정될 때

잠이 보약

잠은 굉장히 중요해요. 잠을 잘 때 쑥쑥 자라기 때문이에요. 몸이 성장 호르몬을 분비하는 건 잠잘 때뿐이랍니다. 또 잠을 충분히 자면 긍정적이고 행복한 기분을 느끼는 데 도움이 돼요.

잠이 모자라면 이 꼬마 친구들처럼 될 지도 몰라요!

화 / 과잉 행동 / 짜증 / 심술 / 욕심

편하게, 아주 편하게

이 방법들을 따라 하면 **긴장**이 금방 풀릴 거예요.

1 꽃향기를 맡고 촛불을 끄는 것처럼

마음속으로 1부터 4까지 세면서 코로 숨을 들이쉰 다음, 다시 1부터 4까지 세면서 입으로 숨을 내쉬어요. 꽃향기를 맡고 촛불을 부는 것처럼요.

마음 가라앉히기

이 간단한 호흡법은 언제 어디서든 따라 할 수 있어요.

2 복식 호흡
배 위에 손을 대고 배를 내밀며 코로 천천히 깊게 숨을 들이쉬어요.

3 별 호흡
속상하거나 화가 날 땐 천천히 부드럽게 별 호흡을 해서 마음을 가라앉혀요.

숨을 쉬면서 손가락으로 별을 따라가요.

긴장을 잘 풀기 위해서는 자신에게 어울리는 방법을 찾아야 해.

등을 활 모양으로

다리가 흔들리지 않도록 주의

엉덩이를 바짝

고양이처럼 등 굽히기
어깨와 손목, 엉덩이와 무릎이 일직선이 되게 엎드려요. 등을 활처럼 굽히고 배를 집어넣어요.

학처럼 균형 잡기
어깨를 젖히고 팔을 벌려요. 왼쪽 발을 든 다음, 양팔로 균형을 잡아요. 발을 바꿔서 같은 동작을 반복해요.

고개 숙인 강아지
머리를 아래로 숙이고 손을 쫙 펴요. 꼬리뼈는 밀어 올리고 다리는 쭉 뻗어요. 몸이 'V'자 모양이 되게 만드는 거예요.

요가는 우리 몸을 유연하고 튼튼하게 만들어 줄 뿐만 아니라, 몸의 긴장을 풀어서 차분해지는 데 도움이 돼요. 여러 동물들을 흉내 낸 재밌는 요가 자세들을 따라 해 봐요.

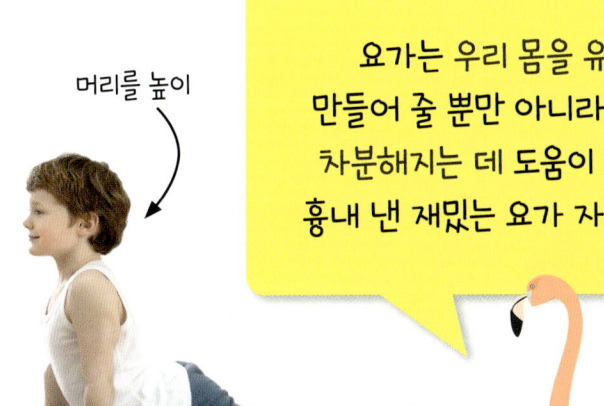

머리를 높이

부엉부엉

코브라처럼 쉭쉭
손으로 바닥을 짚고 상체만 일으켜 목을 길게 빼요. 엉덩이와 허벅지는 바닥에 붙여 움직이지 않도록 하고, 다리는 뒤로 길게 뻗어요. 쉭쉭!

부엉이처럼 부엉부엉
무릎을 꿇고 앉아 손바닥을 무릎 위에 놔요. 고개를 돌리는 부엉이처럼 상체를 한쪽으로 틀었다가 다시 반대쪽으로 틀며 반복해요.

27

내 마음 챙기기

마음 챙김이 뭘까?

틀림없이 좋은 하루가 될 거야!

'마음 챙김'은 지금 **내 생각이 어떤지** 알아차리고 **몸이 어떻게 느끼고 있는지** 아는 것을 가리키는 전문 용어예요.

동물 마법

지금부터 명상 시간! 편하게 앉아서 긴장을 풀고 감각에 주의를 기울여 봐요. 내가 동물들처럼 감각이 뛰어나다고 생각하는 거예요.

독수리처럼 볼 수 있는 눈

뱀처럼 맛을 볼 수 있는 혀

박쥐처럼 들을 수 있는 귀

개처럼 냄새를 맡을 수 있는 코

거미처럼 느낄 수 있는 손가락

의식하며 산책하기

감각에 집중하도록 의식하면서 산책을 해 봐요.
뭐가 보이나요? 무슨 소리가 들리나요? 어떤 냄새가 나요?
어떤 느낌이 들어요? 지금까지 알아차리지 못했던 뭔가가 있나요?

본 것 - 파란 하늘, 꽃, 나무, 놀고 있는 사람들

들은 것 - 아이들이 노는 소리, 머리 위를 지나가는 비행기 소리

냄새 맡은 것 - 풀과 꽃의 향기

느낀 것 - 따뜻한 햇살, 산들바람

맛본 것 - 사과

이제 종이에 손을 올려놓고 모양을 따라 그린 뒤, 기억나는 것을 써 봐요. 여러 감각을 사용해 기억한 것들은 머릿속에 오래오래 남는답니다.

나 자신에게 신경 쓰기

자기 마음을 챙기며 하루를 보낼 수 있는 방법들을 몇 가지 더 알려 줄게요.

아침에 일어나기 전 :
몸의 각 부분을 차례로 의식해 봐요. 발가락부터 시작해서 머리끝까지! 오늘은 내 몸의 각 부분이 어떻게 느껴지나요?

식사 시간 :
모든 감각을 이용해 천천히 먹으면서, 음식에 집중하고 음미해 봐요.

하루 중 언제라도 :
모든 것에 감사를 표현하고, 가족에게 오늘 감사했던 일들을 몇 가지 이야기해요.

화에 관한 모든 것

> **난 폭풍우**가 두렵지 않아.
> 지금 **내 배를 모는 방법**을 배우고 있거든.

작은 아씨들

루이자 메이 알코트

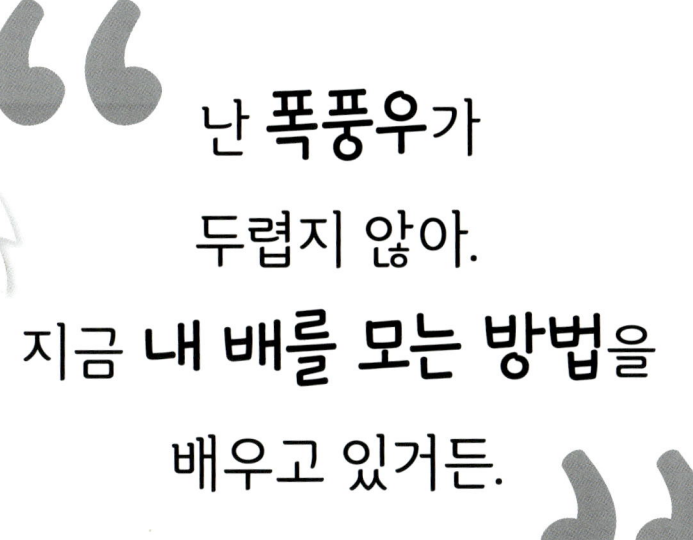

붉으락푸르락

화가 난 적 있나요?

소리를 치고 **비명**을 지르며 무언가를 막 치고 싶었을 거예요. 화는 누구나 때때로 느끼는 **건강한 감정**이랍니다.

화는 네가 자신을 보호하고 안 좋은 상황을 변화시키도록 도와줘. 화는 좋게 사용되면 건강한 힘이지.

이 중에서 화가 난 사람은 누구일까?

a

b

c

d

e

f

g

h

화는 우리 몸이 행동하게끔 만들어요.

항상 네가 화를 다스려야 돼. 화에 휘둘리면 안 돼!

	반응	어떤 일이 일어날까?

1단계

뭐라고?

경보 발동
뇌가 스트레스 호르몬을 분비시켜요. 곧 심장 박동이 빨라지고 혈액이 근육에 빠르게 공급되지요. 근육에 산소가 필요해져서 숨이 가빠지기 시작해요.

2단계

절대 안 돼!

힘이 불끈
화에 힘을 보태 주는 거친 '전투' 호르몬이 분비돼요. 근육이 긴장되고 몸놀림이 활발해져요. 또 열이 나고 얼굴이 빨개지기 시작해요.

3단계

지금 뭐라고 했어?

부글부글
근육이 씰룩거리고 꿈틀거려요. 얼굴을 찡그리고 입을 앙다물게 돼요. 맥박이 쿵쾅거리며 빨라지고 손바닥이 뜨거워져요.

4단계

으아악!

폭발 일보 직전
말소리가 커지고 말투가 빨라져요. 심장이 쿵쾅쿵쾅 뛰며 뺨이 더 빨갛게 달아올라요. 몸이 진정하려고 애쓰며 핏줄이 불거지고 땀이 나요. 곧 성난 호랑이가 될 거예요.

5단계

지쳤어….

그 후
그런 뒤에는 모든 스트레스 호르몬이 몸을 빠져나가면서 지치고 울먹이게 돼요. 그러고 나면 점점 화가 가라앉기 시작해요.

화와 관련된 것들

화는 마치 **빙산** 같아요.
수면 위로 보이는 건 아주 작은
일부분일 뿐이거든요.
대부분은 수면 아래에 깊이
숨어 있어요.

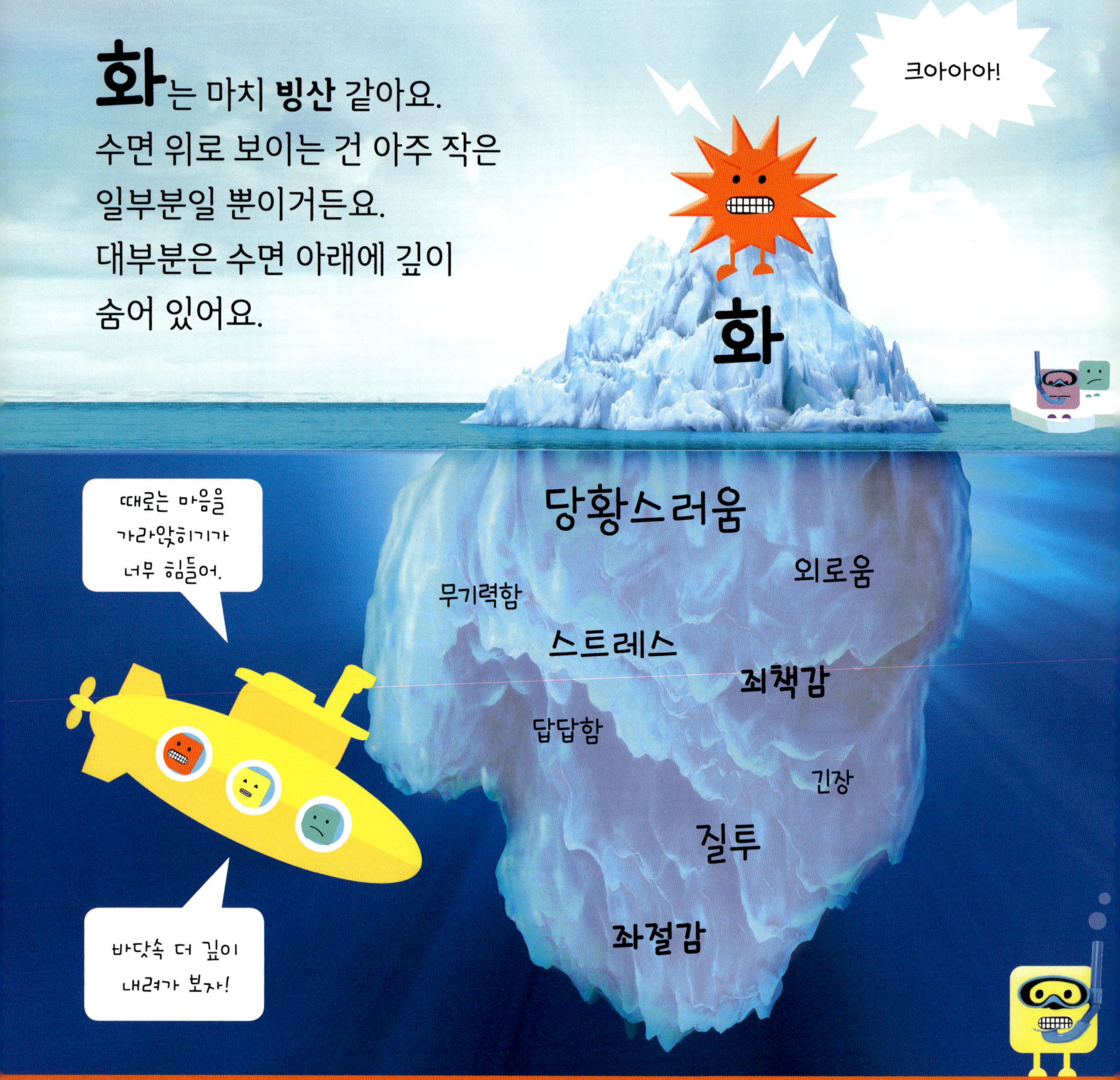

크아아아!

화

당황스러움

무기력함 외로움

스트레스 죄책감

답답함

긴장

질투

좌절감

때로는 마음을 가라앉히기가 너무 힘들어.

바닷속 더 깊이 내려가 보자!

**화는 단순한 감정이 아니에요.
어른들과 차분히 이야기를 나누면서 화의 원인을 찾아봐요.**

화가 났다는 경보가 울렸어? 그럼 운동을 하거나 잠깐 쉬자. 그 일은 잠시 잊고!

화 다스리기

화를 다스리는 가장 어렵고도 쉬운 방법은, 머리끝까지 화가 치솟기 전에 지금 무슨 일이 일어났는지 똑바로 파악하는 거예요. 그러면 적어도 뭔가를 할 수 있거든요. 예를 들어 단순히 이렇게 말할 수도 있어요.

나 지금 화났어!

화가 났을 때 손쉬운 대처 방법

화가 나기 시작하면 손을 봐요!

1
손을 주머니에 집어넣거나 엉덩이 밑에 깔고 앉아요.
그렇게 하는 것만으로도 감정을 누르는 데 도움이 될 거예요.

2
숨을 깊게 들이마신 뒤 손에 입김을 불어요.
몸을 빨리 진정시키는 데 효과적인 방법이에요.

3
안아 달라고 하는 것도 좋아요.
좋아하는 사람을 찾아서 꼭 안고 마음을 풀어 봐요.

4
주먹을 꽉 쥐었다가 풀어요.
몸속에서 높아지고 있는 긴장감을 줄이는 좋은 방법이에요.

5
하나부터 다섯까지 꼽아요.
간단한 방법이지만, 행동하기 전에 앞서 생각할 시간을 가질 수 있어요.

그건 공평하지 않아

공평하다는 건 뭘까?

공평하다는 것은 **모든 사람을 똑같이** 대한다는 뜻이에요. 순서를 지키고, 진실을 말하고, 열린 마음으로 들어주고, 실수를 인정하는 것을 말해요.

공평함은 세상에서 가장 중요한 도덕적 가치들 중의 하나예요.

공평할까?

누나가 새 신발을 산 걸 보고 '공평하지 않아!'란 생각이 들었어요. 그런데 누나는 새 신발이 정말로 필요했지요. 공평함은 모든 사람이 똑같은 것을 얻는 걸 가리키지 않아요. 공평함이란 누구든 무언가가 필요할 때 그걸 얻는 걸 말해요.

공평하지 않아! 왜 모든 사람이 안경을 쓰지 않은 거야.

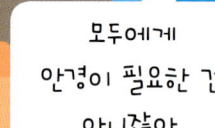
모두에게 안경이 필요한 건 아니잖아.

공평할까? 불공평할까?
아래와 같은 상황이라면
나는 어느 정도로 화가 날까요?

누나가 또 창가에 앉았어.

친구가 새 장난감이 생겼는데 나는 가지고 놀지 못하게 해.

친구들이 급식 기다리는 줄 중간에 날 끼워 줬어.

식당에서 누군가의 자리를 맡아 줬어.

누나는 생일이라고 용돈을 받는데, 난 못 받았어.

엄마가 나는 빼고 형이랑 영화를 보러 갔어.

어른들이 "인생은 불공평해!"라고 말하는 걸 들어 봤나요?
여러분도 그렇게 느낀 적이 있나요? 상황이 뜻대로 되지 않을 때,
다음 페이지에 있는 방법들을 써 보면 기분을 푸는 데 도움이 될 거예요.

놓아주기

때로 **화**를 내는 것이 당연하고, 또 그것이 건강에 도움이 되는 경우도 있어요. 하지만 상황이 **불공평하다**고 생각하는 건 좋지 않아요. **좌절감**과 **화**는 어떻게 다루어야 할까요?

침착왕 도전하기

항상 침착한 태도를 유지하기란 힘들어요.
자, 침착왕에 도전할 준비가 됐나요?

1 첫 단계
먼저 지금 무슨 일이 일어나고 있는지 똑바로 파악해요. 불공평 버튼에 빨간불이 들어오면 가슴이 답답해지고 이런저런 생각들이 화를 더 부채질하니까요.

2 멈춰!
급브레이크를 밟아야 해요. 성급하게 대응해서 곤란한 상황을 만들면 안 돼요. 행동을 바꾸기에 늦은 때란 절대 없어요.

3 눈을 감자
화가 난 일을 머리에서 잠시 까맣게 지워 봐요. 균형 잡힌 상태로 더 빨리 돌아가는 데 도움이 될 거예요.

4 심호흡하자
차분하게 앉은 다음, 26쪽에서 배운 호흡법을 해 봐요.

5 결정 내리기
조금 차분해졌나요? 이제 이 상황에 대처할 가장 좋은 방법을 생각해 봐요.

네가 화났지만 차분함을 유지하고 있다는 걸 사람들에게 알려야 해.

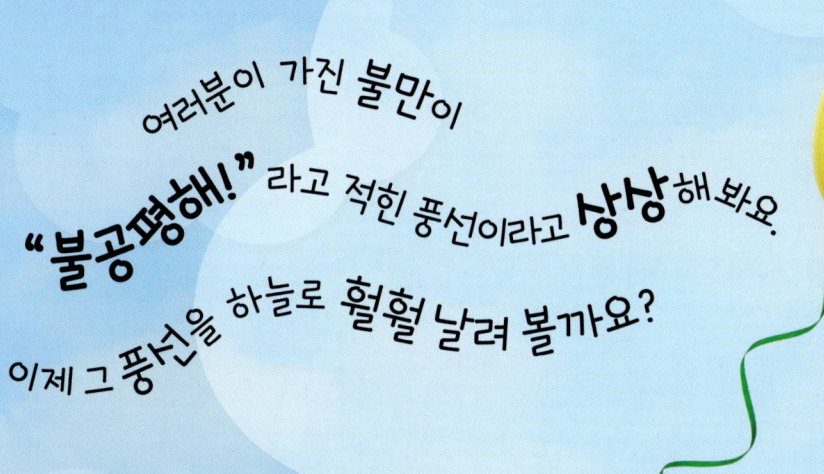

여러분이 가진 불만이 "불공평해!"라고 적힌 풍선이라고 상상해 봐요. 이제 그 풍선을 하늘로 훨훨 날려 볼까요?

꼭 기억해요!
앞으로는 화가 난다고 느껴질 때마다 '침착왕 도전하기'를 떠올려 봐요. 심호흡을 하면서 자제력을 되찾는 걸 잊지 말아요.

질투 괴물

질투는 아기들도 느끼는 **아주 자연스러운 감정**이에요.
하지만 질투는 행복하고 다정한 사람을 **질투 괴물**로 바꿔 버릴 수도 있어요.

나도 저걸 갖고 싶어!

질투가 뭘까?
질투란 다른 사람이 가지고 있거나 다른 사람이 할 수 있는 일에 대해 화가 나고 속상한 감정을 말해.

다른 사람과 자신을 비교하지 말아요.

쟤가 나보다 더 인기가 많고 똑똑해.

쟤가 나보다 더 재미있고 친절해.

← 멋진 아이

역시 멋진 아이 →

질투 괴물은 사람들의 가장 좋은 점들만 노려요. 그런 질투 게임에서 이기는 사람은 많지 않답니다.

40

질투 의사 선생님

질투가 나서 배가 아프다고?
질투 의사 선생님의 도움이 필요해요!

응급 처방

- **반복해요 :** "지금의 나도 충분히 좋아. 지금의 나도 충분히 좋아."
- **생각해요 :** 난 뭘 잘할까?
- **행동해요 :** 내가 좋아하는 일을 하자.
- **말해요 :** 긍정적인 말을 하자.

속상한 마음 치료하기

가장 친한 친구 사이에서도 서로 질투를 느낄 수 있어요. 샘이 날 때는 심호흡을 하고, 감사할 만한 무언가를 생각해 봐요.

너 자신이 되렴, 다른 누군가도 모두 자기 자신이 되어 있으니까.

이럴 땐 어떻게 할까?

문제	증상	치료법
 누나는 모든 걸 다 가졌어. 부모님이 누나만 좋아해.	• 싸우기 • 괴롭히기 • 물건 숨기기 • 고자질하기	 나누고 타협하고 원하는 걸 말하는 법을 배우는 게 좋단다. 부모님에게 네 기분이 어떤지 이야기해 봐.
가장 친한 친구가 다른 아이와 노는 걸 봤어.	• 복수 계획 짜기 • 나쁜 소문 퍼뜨리기 • 후회할 말을 하기	 다른 아이들에게도 관심을 가지고 새로운 친구들을 사귀어 보렴.
 엄마의 새 남자친구가 친아빠 자리를 차지하고 있고, 엄마의 관심을 뺏어 갔어.	• 무례하게 굴기 • 관심 끌기	 상황을 조금씩 받아들이고 그분에 대해 천천히 알아 가렴. 서두를 필요는 없으니, 부모님과 이야기를 나누며 네 기분을 표현해.
 다른 아이들이 나보다 훨씬 더 잘해.	• 괴롭히기 • 포기하고 싶은 마음 • 다른 사람들 앞에서 창피 주기	 네가 가진 재능을 종이에 쭉 써 봐. 모든 사람은 특별해! 너도 당연히 멋지고 대단한 사람이란다.

두려움에 관한 모든 것

> "겁이 나도
> 위험에 맞서는 게
> **진짜 용기**야.
> 그런 용기라면 이미
> **너한테 충분히 있잖아.**"

오즈의 마법사

라이먼 프랭크 바움

머리털이 곤두설 때

새로운 사람을 만나거나 앞에 나가 발표하는 것이 겁날 수 있어요.
겁이 난다는 건 약하다는 표시지만,
누구든 가끔씩 겁이 나서 덜덜 떨릴 때가 있답니다.

투쟁과 도피

최초의 인류가 지구를 걸어 다녔을 때부터, 사람은 '투쟁 혹은 도피' 반응을 보였어요. 원시인은 뱀과 마주치면 두 가지 중 하나를 선택했지요.

재빠른 행동(혹은 재빠른 도망)을 위해 몸이 준비를 해요.

1 달아난다. = 도피

2 맞서 싸운다. = 투쟁

- **뇌** 스트레스 호르몬 분비
- **눈** 눈동자가 커지고 시야가 좁아짐
- **손** 떨림
- **귀** 소리가 들리지 않음
- **입** 바짝 마름
- **팔** 털이 곤두섬
- **심장** 빠르게 뜀
- **피부** 빨개짐
- **근육** 긴장됨
- **위** 소화가 잘 안 됨
- **방광** 느슨해짐

46

너도 겁이 많은 편이니? 유전적인 것일 수도 있어.

차이가 뭘까?

두려움과 걱정, 사람들은 겁을 먹는 것과 관련된 불쾌한 감정들을
표현할 때 이 두 단어를 사용해요. 두 단어의 차이점은 무엇일까요?

두려움은 무서워하는 감정을 말해. 어둠이나 뱀처럼 겁나는 무언가를 두려워할 수 있지.

걱정은 마음이 놓이지 않아 속을 태우는 걸 말해. 새로운 학교에서 친구를 사귀는 일이나 받아쓰기 시험을 걱정할 수 있지.

무서워하는 쥐
이 쥐는 바로 가까이에 도사리는 위험 때문에 두려움을 느끼고 있어요. 두려움을 느꼈으니 곧 달아날 거예요.

걱정하는 쥐
이 쥐는 근처에 고양이가 있을까 봐 신경을 쓰고 있어요. 걱정하고 있는 거예요.

걱정될 때는

걱정을 하면 작은 일도 엄청나게 **큰일**처럼 느껴져요. 하지만 우리에게는 걱정을 떨칠 수 있는 **힘**이 있어요.

다음 중 어떤 게 걱정돼? 난 전부 다!

머릿속 생각들이 두려움을 부추기면 걱정이 점점 더 심해질 수 있어요.

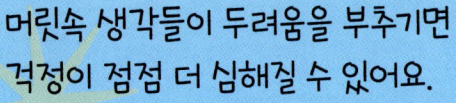

마법 지팡이가 있다고 **상상**해 봐요. 이제 **걱정**을 해치워 볼까요?

사라져라, **얍!**

걱정이 사라졌어요!

걱정이 점점 더 작아지고 더 작아지고 더 작아지도록!

우리가 흔히 걱정하는 일들

- 모르는 사람 만나기
- 학교
- 가족 문제
- 뭔가 나쁜 일이 생길 것 같아
- 친구와의 다툼
- 공부하기 싫어
- 괴물과 어둠
- 괴롭힘
- 시험

주문을 외듯 스스로 다짐해 봐. 난 용감해, 난 할 수 있어, 난 강해!

걱정 해결 프로그램

다음 단계를 따라 걱정을 해결하고 26쪽의 호흡법을 따라해 봐요.

1
걱정거리 파악하기

때로 자신이 뭘 걱정하고 있는지 확실하게 모를 때도 있어요. 걱정거리를 글로 써 보거나, 제일 좋아하는 장난감에게 살짝 털어놓으면서 자신을 진짜로 괴롭히는 문제가 뭔지 알아봐요.

가족 문제나 왕따 같은 문제들은 혼자 해결하기 힘들 수 있어요. 이런 경우는 바로 3단계로 이동해요.

2
생각 바꾸기

좀 더 희망을 느낄 수 있도록 행동 모드로 돌입할 차례예요. 걱정을 떨치는 데 도움이 될 수 있는 방법들을 생각해 봐요. 예를 들어 학교에서 할 발표가 걱정이라면 먼저 가족들 앞에서 연습을 해 보는 거예요. 친구와 사이가 나빠질까 봐 걱정이라면 함께 차를 마시자고 초대해 보는 것도 좋아요.

걱정을 덜 수 있는 방법이 생각나지 않으면 3단계로 이동해요.

3
도움 청하기

다정한 친구나 어른들과 걱정거리에 대해 이야기를 나누면 큰 도움이 돼요. 그러니 걱정을 혼자만 간직하고 끙끙대지 않기!

말해! 말해! 말해!

고민을 나누면 걱정이 반으로 줄어들어요.

과학자들은 고민을 나누면 실제로 스트레스가 줄어든다는 걸 증명했어요!

새로운 시작

새로운 학교에 가거나 치아 교정기를 끼게 되는 것처럼, 삶에 **큰 변화**가 생길 때면 누구든 **겁**이 날 수 있어요.

불안한 마음은 자연스러운 거예요.

인간은 변화를 좋아하지 않으니까요. 과학자들은 그 이유를 알고 있어요.

1 뇌는 늘 해 오던 일을 습관화하기 위해 열심히 일해 왔어요. 이렇게 들인 습관을 버리기란 힘들어요.

2 뇌는 상황이 분명한 걸 좋아해요. 분명하지 않은 건 뭐든 생존에 위협이 될 수 있거든요.

3 변화가 우리의 인간관계에 영향을 미칠 수 있어요. 인간은 자연적으로 집단을 이루며 살기 때문에, 사회적 삶을 방해하는 건 뭐든 불안을 일으킬 수 있어요.

무언가 때문에 불안했을 때, 너도 이런 걸 느껴 봤어?

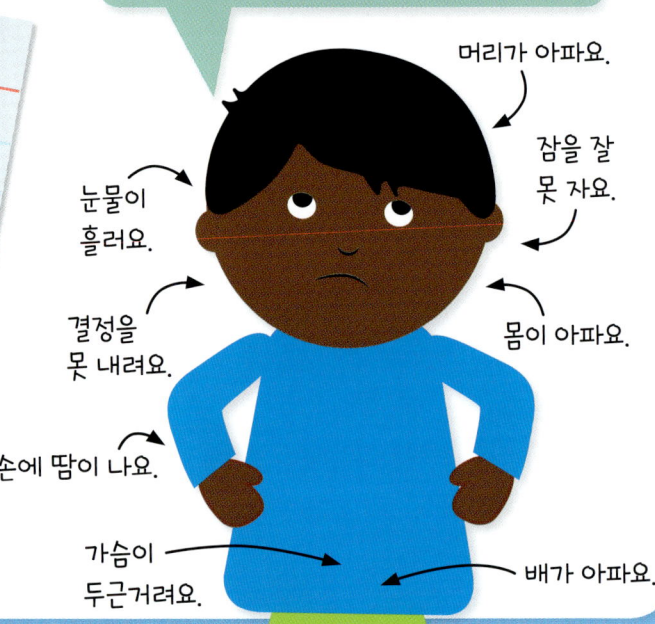

머리가 아파요.
잠을 잘 못 자요.
눈물이 흘러요.
몸이 아파요.
결정을 못 내려요.
손에 땀이 나요.
가슴이 두근거려요.
배가 아파요.

변화하지 않으면

긴장할 때도 하품이 나오지? 그건 지금 심호흡이 필요하다는 거야.

과학자들은 뇌와 장이 **뇌-장 축**이라고 하는
신경 세포와 호르몬 망으로 연결되어 있다고 해요.

뇌가 걱정을 하면 장속에 사는 **미생물들**이 많이 나와.

우리 몸은 균형이 잘 잡혀 있어요.

미생물이 많아지면 다시 뇌에 영향을 미치게 돼요.

이 미생물들은 보통 음식을 소화시키는 일을 해요.

미생물

장

뇌와 장이 서로 영향을 미치기 때문에, 걱정을 하면 배가 아프고 배가 아프면 또 걱정이 되는 과정이 반복돼요.

대부분의 걱정은 오래가지 않아. 넌 새로운 과제에 금방 적응할 거야.

나비가 될 수 없어요.

새로운 환경

낯선 환경에서는

어떻게 적응해야 할까요?
어떤 상황에서든 마음을 편하게
만들어 주는 **몇 가지 방법**을
알아봐요.

할 수 있는 한 많은 정보를 찾아봐요. 예를 들어 앞으로 다닐 학교를 미리 방문해 보거나, 학교 누리집을 둘러보면 도움이 될 거예요.

입고 갈 옷들을 전날 밤에 미리 챙겨 두고, 가방도 미리 싸 두면 좋아요.

나만의 특별한 계획을 세워 봐요. 예를 들어 가장 좋아하는 음식들로 스스로 도시락을 준비해 보는 건요?

기억해! 학교나 병원이나 새로운 장소의 사람들은 네가 처음 왔다는 걸 모두 알고 있어. 그러니 너를 친절하게 안내해 줄 거야. 도와주는 사람들도 있을 거고, 그곳에서 좋은 멘토를 만날지도 몰라.

출발이 순조롭지 않았나요?
모든 일이 곧바로 잘되지는 않아요.
첫날의 불안한 마음이
금방 사라지지 않을 수도 있어요.

곧 멋진 일이 일어날 거라고 생각해 봐!

건강에 좋은 아침을 먹어요. 맛있는 음식을 먹으면 기분이 나아져서 새로운 상황에 더 잘 적응할 수 있어요.

새로운 장소나 경험에 대해 긍정적인 상상을 해 봐요.

기대되는 일들을 종이에 하나하나 써 보는 것도 좋을 거예요.

배려심 많은 어른에게 걱정거리를 이야기하면 마음이 놓일 거예요.

심호흡을 하며 마음을 가라앉히고, 현실을 냉정하게 바라봐요.

예전에 이런 느낌을 받았던 때가 있었나요? 그때 어떻게 헤쳐 나갔는지 떠올려 봐요.

만약 친구를 사귀기 힘들다면, 진정한 친구가 생기는 데는 시간이 걸린다는 걸 명심해요.

가족 그리고 나

변화는 삶에서 자연스러운 부분이지만, 가족에게 변화가 생기면 쉽게 이겨 내기 힘들기도 해요. 부모님이 이혼을 하거나 떨어져 살기를 결정한 경우, 부모님에게 **내 기분이 어떤지 이야기하고**, 상황에 대해 **솔직하게 말해 달라고 부탁하는 것**이 중요해요.

사실 1
여러분 때문에 이혼이나 별거를 하게 된 건 아니에요.

사실 2
여러분이 부모님의 이혼이나 별거를 말릴 수는 없어요.

사실 3
부모님은 여전히 여러분을 사랑해요.

사실 4
부모님은 여전히 여러분의 부모님이에요.

어른들의 문제에 대해 우리는 어떻게 해야 할까?

감정적이 되는 시간
부모님이 헤어질 경우, 우리는 이런 감정을 겪을 수 있어요.

행복하지 않아.
부모님이 따로따로 살지 않았으면 좋겠어.

화가 나.
안정된 가정이 파괴되는 것 같아.

마음이 놓여.
요즘 부모님이 많이 싸우셨잖아.

슬퍼.
절망스러워. 내가 할 수 있는 일도 없고.

착잡해.
모든 것이 뒤죽박죽이 된 기분이 들어.

두려워.
큰 변화가 닥쳐서 겁이 나.

마음을 털어놓기
부모님에게 이야기하기 어려우면, 마음을 솔직하게 털어놓을 친구나 배려심 많은 어른을 찾아봐요. 친구의 부모님이 이혼을 준비 중이라면 그 친구의 이야기를 잘 들어주도록 해요. 친구는 아마 힘든 시간을 겪고 있을 거예요.

나는 집이 두 개야

부모님이 헤어지면

새로운 집, 심지어 **새로운 가족**이 생기는 큰 변화가 생겨요.

집이 두 개인가요?
두 집 모두에서 편하게 지낼 수 있는 방법을 알려 줄게요.

언제 어느 집에 있을지 알 수 있도록 달력에 기록해 둬요.

두 집 모두에서 가능한 같은 방식으로 생활하는 것이 좋아요.

너무 자주 짐을 싸지 않도록, 필요한 물건들을 양쪽 집에 모두 마련해 놓으면 편리할 거예요.

이 새로운 상황을 기회로 생각해 봐요.

안녕하세요?
부모님이 새로운 사람을 사귀기 시작할 수 있어요. 여러분은 낯선 어른을 알아 가는 데 시간이 필요할 거예요. 그 사람이 친엄마나 친아빠 자리를 차지하는 건 아니에요. 그러니 기회를 주려고 노력해 봐요. 그리고 어떤 문제든 믿을 만한 어른과 상의하는 걸 잊지 말아요.

기분이 오락가락할 수 있어요. 힘들 때 말없이 혼자 괴로워해서는 안 돼요.

필요할 때마다 부모님과 이야기해요.

혼합 가족
부부가 각자 예전의 관계에서 태어난 자녀들을 데리고 와서 함께 사는 경우를 혼합 가족이라고 불러요.

지금 겪고 있는 문제들은 **당연히** 찾아올 수 있는 것들이에요.

대부분의 혼합 가족들은 행복해요.

집에 꼭 자신만의 공간을 만들어요.

어떤 일이 벌어지고 있는지 이해하기 어려울 수 있어요. 그럴 땐 많이 물어보는 게 좋아요.

새로운 형제자매들과 잘 지내도록 최선을 다해 봐요. 하지만 금방 친해지지 않는다고 걱정할 필요는 없어요. 시간이 지나면서 점점 상황이 나아질 거예요.

슬픔에 관한 모든 것

"폭풍 뒤에 **화창한 날씨**가 찾아오고, 슬픔 뒤에 **기쁨**이 찾아와."

러시아 속담

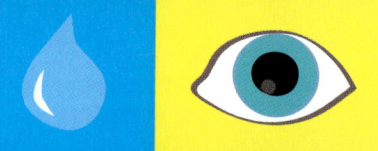# 맙소사!

슬픔은 다른 사람들에게 우리가 **도움**과 **위로**, **지원**이 필요하다는 걸 알려 줘요.

찌푸린 얼굴

눈물을 글썽이며 우는 눈

슬픈 목소리, 낮은 중얼거림

실컷 울어도 괜찮아.
슬픔은 몸 밖으로 내보내야 사라지는 거야. 눈물을 흘리는 것이 몸이 슬픔을 내보낼 수 있도록 도와주는 역할을 한대.

팔짱

때때로 슬픔을 느끼는 건 자연스럽고 건강한 현상이야.

인간은 감정 때문에 눈물을 흘리는 유일한 동물이야.

눈물의 성분

엔도르핀
(행복 호르몬)

소금

점액

물

독소

기름

과도한 스트레스 호르몬

실컷 운 다음에 기분이 좀 나아지는 건 당연한 거예요.

호르몬은 마법의 성분이에요. 호르몬이 분비되면 고통이 줄어들고 기분이 나아져요.

이 모든 성분이 몸에서 빠져나가니까요!

우울한 기분 날리기

슬프면 기분이 나빠져요.
슬픔을 물리치는 **여섯 가지 전략**을 살펴볼까요?

1

행복한 장소 생각하기

눈을 감고 여러분이 정말로 행복했던 장소를 떠올려 봐요. 예를 들어 휴가를 갔던 곳이나 생일을 보낸 곳 말이에요.

방금 떠올린 장소를 그려 봐요!

2

차분하게 숨 쉬기

책상다리를 하고 앉아서 눈을 감고, 햇살이 얼굴에 따스하게 내리쬔다고 상상해요. 그리고 호박벌 호흡을 시작해 봐요. 마음이 편안하고 차분해질걸요.

가슴이 쫙 펴지도록 코로 깊게 숨을 들이마셔요.

그런 뒤 손가락을 귀에 갖다 대요.

입으로 천천히 숨을 내쉬면서, 윙윙거리듯 '음음음음음…' 소리를 내요.

아주 슬플 땐 배려심 많은 어른에게 네가 느끼는 감정들을 꼭 이야기해.

3
마음을 진정시키는 말
'난 괜찮아.'
'난 이겨 낼 수 있어.'
'그렇게 끔찍하진 않아.'처럼 마음을 진정시켜 주는 말들을 생각해요.

그렇게 끔찍하진 않아.

난 괜찮아.

4
중요한 세 가지
지금 상황이 그렇게 끔찍하지 않은 이유 세 가지, 내가 이겨 낼 수 있는 방법 세 가지, 혹은 내가 괜찮을 이유 세 가지를 글로 써요.

때로는 누군가 꼭 안아 주기만 해도 돼.

5
내가 즐길 수 있는 일
환경을 바꾸거나 내가 좋아하는 활동을 하면 즐거움을 되찾는 데 도움이 될 수 있어요.

6
누군가에게 왜 내가 슬픈지 **털어놓는 것**도 좋아요.

왕따 보고서

왕따는 관련된 **모든 사람**에게 피해를 입혀요.
우리는 이 문제에 대해 분명히 알아야 해요.

왕따 가해자란 누구를 말할까?

왕따 가해자는…

말로
- 위협을 가하는 아이
- 나쁜 소문을 퍼뜨리는 아이
- 괴롭히고 욕하는 아이

힘으로
- 걷어차거나 때리거나 밀거나 발을 걸어 넘어뜨리는 아이
- 누군가의 물건을 가져가거나 망가뜨리는 아이
- 일부러 겁주는 아이

행동으로
- 집단에 누군가를 끼워 주지 않고 따돌리는 아이
- 다른 아이들에게 누군가와 친구가 되지 말라고 하는 아이
- 일부러 누군가를 난처하게 만드는 아이

꼭 기억해요!
누군가를 집단에 끼워 주지 않는 것은 왕따의 가장 나쁜 형태 중 하나예요.

> 성별, 나이를 떠나 우리는 누구나 왕따 가해자가 될 수 있어.

왕따는 어디에서 일어날까?

학교에 가거나 집에 오는 중에

학교에서

인터넷과 집에서

왕따를 당하면 어떤 기분일까?

- 왕따를 멈추기 위해 내가 할 수 있는 일이 없는 것 같아.
- 왕따 가해자에 비하면 난 작고 힘이 없는 것 같아.
- 가해자들이 너무 많고 난 해결할 힘이 없는 것 같아.
- 그들이 왜 그렇게 못되게 구는지 몰라서 혼란스러워.
- 상의를 하거나 내 편이 되어 줄 사람이 아무도 없다고 느껴져.
- 엄청나게 슬프고 외로워.

**하지만 도움을 받을 수 있어요.
다음 페이지를 볼까요?**

> 너는 언제 어디서든 안전하다고 느낄 권리가 있어.

왕따 문제 해결하기

왕따는 절대 있어서는 안 돼요.
왕따 문제에 도움이 될 몇 가지 **조언**이 있어요.

누군가 **나를 괴롭힌다면** 어떻게 할까?

믿을 수 있는 사람에게 이 문제를 이야기하는 게 좋아요. 말로 하기 어렵다면 편지를 쓰는 것도 괜찮아요.

절대 왕따를 숨겨서는 안 돼요.
누군가 이 문제에 대해 알맞은 조치를 취할 때까지, 사람들에게 계속 이야기해야 해요.

가해자들이 괴롭히기 쉬운 장소를 피해야 돼요. 예를 들어 선생님들이 살필 수 없는 장소는 가지 않는 게 좋아요.

가능하다면 내 편이 되어 줄 친구나 사람과 함께 다니도록 해요.

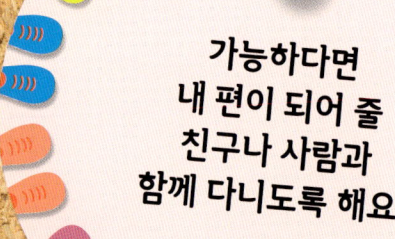

이야기할 사람
부모님, 선생님, 교장 선생님, 멘토 역할을 하는 선배 혹은 오랜 친구에게 말하면 도움을 얻을 수 있을 거예요.

절대 혼자 끙끙대서는 안 돼. 말해! 말해! 어서 말해!

왕따를 당하는 사람을 보면 어떻게 할까?

 가해자를 응원하거나 우두커니 구경만 해서는 안 돼요!

왕따를 당하는 친구에 대해 알려고 하고, 잘해 주고, 활동에 끼워 줘요. 곧 그 친구를 좋아하게 될지도 몰라요.

가해자들과도 친해지려고 노력해요. 인정받거나 멋있게 보이기 위해 다른 사람을 괴롭힐 필요가 없다는 걸 그 아이들에게 보여 주는 거예요.

누군가 괴롭힘을 당하는 걸 목격했다면 **도와줄 사람을 찾아봐요.**

내가 왕따 가해자라면 어떻게 할까?

먼저, 행동을 멈추고 생각해요.

내가 남에게 주고 있는 피해와 상처를 생각해요.

내 안의 공격적인 감정을 내보낼 다른 방법(예를 들어 운동)을 찾아봐요.

만약 겪고 있는 문제가 있다면 학교 상담 선생님이나 믿을 만한 어른과 상의해요.

왕따 가해자들은 지금 혼나는 것뿐 아니라, 나이가 들어서도 곤란에 빠질 가능성이 높아요. 그러니 지금 하고 있는 나쁜 행동을 멈춰야 해요!

적응을 못 하겠어

자신이 **남들과 다르거나**
적응하지 못한다고 느끼면 슬프고 외로워져요.
하지만 **모든 사람은 특별**하고, 여러분 역시 특별해요!
그건 누구든 마찬가지예요.

자신이 남들과 **다르다고** 느끼는 많은 친구들이 성공을 거둬요.

> 너 자신이 되렴! 네가 제일 잘할 수 있는 일을 하는 거야.

아인슈타인은 학교생활에 잘 적응하지 못했어요. 어떤 선생님은 그런 아인슈타인을 '게으른 개'라고 불렀지요. 또 아인슈타인은 절대 양말을 신지 않았어요. 심지어 백악관 만찬에 초대받았을 때도 마찬가지였어요. 그럼에도 역사상 가장 유명하고 뛰어난 과학자들 중 한 명이 되었답니다.

친구 찾기

우리는 다른 모든 사람들과 마찬가지로 행복해질 권리가 있어요. 그러니 소외감을 느끼거나 적응하지 못한다고 느껴질 때는 이렇게 해 봐요.

- 선생님께 도와 달라고 부탁해요. 선생님들은 알맞은 짝꿍을 잘 찾아 주시거든요.
- 동아리에 가입해서 같은 분야에 관심 있는 친구들을 만나 봐요.

스스로를 **믿는 게** 가장 중요해요.

우정을 쌓는 기술

- 다정하게 대하기
- 이야기를 잘 들어주기
- 가진 것을 나누기
- 좋은 이야기를 하기
- 친절하게 대하기
- 도와주기
- 비밀과 신뢰 지키기

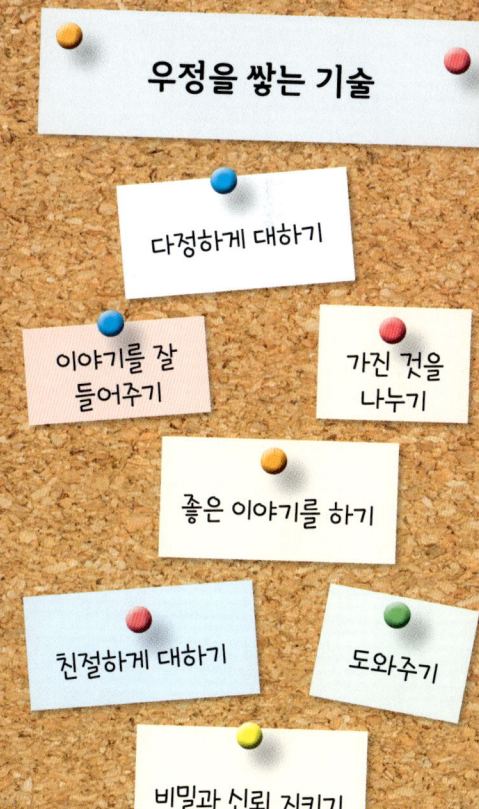

반려동물의 죽음

반려동물은 우리의 **가족**도 되고, 때로는 **가장 좋은 친구**도 돼요. 하지만 슬프게도 동물들은 인간만큼 오래 살지 못한답니다. 결국 반려동물과 함께 지낼 때의 기쁨만큼이나, 그 동물이 죽어서 우리 곁을 떠나면 아주 큰 슬픔이 남게 돼요.

자연의 순환

반려동물들은 나이가 들어서, 병이 생겨서, 혹은 사고로 인해 세상을 떠나. 죽음도 삶의 한 부분이니까. 그러니 함께 있는 소중한 시간을 즐기며 반려동물을 잘 보살펴 주어야 해.

내 이름은 몬티야! 난 공을 가지고 노는 걸 좋아해.

슬픔의 5단계

사랑하는 반려동물을 잃게 되면, 순서에 상관없이 이 다섯 가지 감정들 중 어떤 것이라도 찾아와요.

믿을 수 없어

무슨 일이 벌어졌는지 받아들이기 힘들고 멍해져요. 사랑하는 반려동물이 죽었다는 사실을 믿지 못하고 부정할 수도 있어요.

화가 나

반려동물의 죽음이 옳지 않다고 생각하고 누구의 잘못인지 따지려고 해요. 반려동물에게 못되게 굴던 때를 떠올리면서 자신을 탓하지요.

그들에게 준 너의 사랑은 사라지지 않아. 네 기억 속에 영원히 살아 있을 테니까.

난 베티야! 난 친구와 뽀뽀하는 걸 좋아해.

난 해리야! 난 볼이 불룩하도록 양껏 먹는 걸 좋아해.

작별 인사

떠나는 반려동물에게 마지막 작별 인사를 하는 것이 좋아요. 장례식을 치러 주거나 편지나 시를 쓰거나, 나무를 심을 수 있을 거예요. 세상을 떠난 반려동물을 추모하는 건, 여러분이 성장하는 데도 큰 보탬이 될 거예요.

난 마핏이야! 난 햇볕을 쬐면서 누워 있는 걸 좋아해.

타협하자

'자고 일어나면 모두 괜찮아질 거야.'라는 식으로 작은 타협을 해요. 이런 생각은 정상적인 반응이에요. 죽음을 받아들이는 건 몹시 힘들거든요.

엄청나게 슬퍼

몹시 슬퍼지기 시작해요. 혼자서 울고 슬퍼하고 싶어져요. 울어도 괜찮아요!

받아들여야 해

반려동물을 잃었다는 사실을 결국 받아들이고, 둘이 함께 보냈던 좋은 시간들을 떠올릴 수 있게 돼요.

놀라운 너

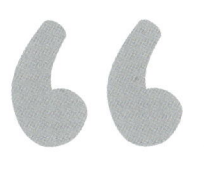 오늘 너는 너야.
그건 **진실보다 더한 진실**이야.
너보다 더
너다운 사람은 없어!

생일 축하해!

닥터 수스

 # 나는 최고의 나

내가 뭘 하든
뭘 생각하거나 느끼든
나는 **특별**하고 대단해요.
나는 자연이 낳은
놀라운 존재랍니다.

 **눈송이 하나하나가 특별해요.**

76억 명의 인구 중에 나만 가지고 있는 **특별한 것들을 찾아.**

오직 나만 가진 것들

나의 믿음

나의 성격

손가락과 발가락 지문

귀의 형태

홍채
(눈에서 색깔이 있는 부분)

혀의 돌기와 굴곡

목소리

DNA
(내 세포들에게 나를 어떻게 구성할지 알려 주는 유전 공식)

바로 나처럼!

난 할 수 있어!

내가 **무언가를 할 수 있다고 믿으면**

절반은 성공한 거예요. 내가 열심히 노력하고 발전할 수 있다고 믿으면, 정말로 열심히 노력하고 발전하게 되니까요.

발전할 수 있는 마음가짐

- 내가 원하는 건 뭐든 배울 수 있어.
- 나는 힘들더라도 노력할 거야.
- 시간이 걸리겠지만 계속할 거야.
- 나는 실수에서 배울 거야.
- 나는 최선을 다할 거야.
- 나는 도전을 좋아해.
- 나는 나 자신을 믿어.

이렇게 생각할 수만 있으면 뭐든 이룰 수 있는 거야. **그러니 힘내!**

네가 원하는 건 뭐든 할 수 있고 뭐든 될 수 있어. 정말이야!

한 걸음, 한 걸음씩

어떤 일들은 힘든 싸움일 수 있어요.
하지만 그만큼 노력할 만한 가치가 있을 거예요.

- 난 안 할 거야.
- 난 못해.
- 하고 싶어.
- 어떻게 해야 되지?
- 난 노력할 거야.
- 난 할 수 있어.
- 난 할 거야.
- 내가 해냈어!

세상에 완벽한 사람은 없어요.
누구나 실수를 하기 마련이니까요. 그러니 자기 자신에게
너그러워도 괜찮아요. 남들과 다른 자신만의 특징을
칭찬해요. 그리고 나 자신을 믿는 거예요!

삶은 하나의 여행이에요. 그러니…

삶을 즐겨요!

나의 감정 사전

내 안의 감정을 설명하는 데 이 단어들이 도움이 될 거예요.

슬픔

무력하다 : 나를 도와줄 사람이 아무도 없다고 느낄 때

비통하다 : 마음이 찢어질 듯이 몹시 아플 때

속상하다 : 눈물이 날 만큼 마음이 불편할 때

실망스럽다 : 바라던 일이 뜻대로 되지 않아 마음이 상했을 때

언짢다 : 무언가 마음에 들지 않아 기분이 나쁠 때

우울하다 : 마음이 답답하고 몸에 기운이 없을 때

울먹이다 : 울고 싶거나 실제로 울고 있을 때

울적하다 : 마음이 답답해서 축 늘어지고 쓸쓸할 때

절망적이다 : 상황이 나아질 희망이 없다고 느껴질 때

침울하다 : 걱정이 가득해서 평소보다 마음이 무거울 때

행복

기쁘다 : 더없이 흡족할 때

명랑하다 : 밝고 환한 웃음이 나오고 신이 날 때

사랑하다 : 어떤 사람이나 사물을 많이 좋아하고 소중히 여길 때

상기되다 : 얼굴이 달아오를 정도로 만족스러울 때

성취감을 느끼다 : 원하던 것을 마침내 이루었을 때

열정적이다 : 무언가를 아주 좋아하고 관심이 많을 때

자랑스럽다 : 내가 한 행동이 마음에 들 때

재미있다 : 유쾌한 기분이나 느낌이 들 때

즐겁다 : 기쁨으로 가득 찰 때

흐뭇하다 : 마음에 흡족하여 만족스러울 때

흥분하다 : 어떤 일에 대해 열정적이고 열심일 때

화

거슬리다 : 언짢은 느낌이 들고 기분이 상했을 때

격노하다 : 몹시 분해서 화가 가득할 때

부럽다 : 남의 좋은 일이나 물건을 보고 탐이 날 때

샘나다 : 남이 밉고 분할 때

심술 나다 : 화가 나서 괜히 고집을 부리고 싶을 때

씩씩대다 : 숨이 가빠질 정도로 화가 났을 때

좌절하다 : 간절히 바라던 것을 얻지 못했을 때

짜증 나다 : 마음에 꼭 맞지 않아서 발칵 화가 날 때

폭발 직전 : 속에 쌓여 있던 화가 터져 나오려고 할 때

두려움

걱정되다 : 무언가 신경 쓰이고 불안할 때

겁에 질리다 : 놀라거나 두려워서 꼼짝도 못할 때

공황 상태 : 공포에 질려 불안하고 어쩔 줄 모를 때

긴장되다 : 걱정이 되서 마음이 조일 때

무섭다 : 공포가 느껴질 때

불안하다 : 두려워하는 일이 일어날까 봐 걱정될 때

스트레스받다 : 몸과 마음이 긴장되서 기진맥진할 때

신경이 곤두서다 : 마음이 조마조마하고 걱정될 때

오싹하다 : 겁에 질려 몸이 움츠러들거나 소름이 끼칠 때

초조하다 : 애가 타고 불안해서 조마조마할 때

충격받다 : 정신이 멍할 정도로 놀랐을 때

여러 감정들이 섞여 있나요?

행복을 느끼면서도 슬플 수 있고, 무서워하면서도 흥분될 수 있어요. 기분이 언짢으면서 재미있을 수도 있고요. 사전에 적힌 어떤 단어든 선택해서 사용하고, 여러분이 아는 단어들도 추가해 보아요.

용어 설명

감사 : 고맙게 여기는 마음.

감정 : 마음의 느낌이나 기분. 예) 슬픔, 행복, 화, 두려움 등.

경험 : 실제로 해 보거나 겪어 본 것들.

과학자 : 과학을 전문으로 연구하는 사람.

도파민 : 뇌 속의 신경 전달 물질.

마음 챙김 : 현재 자신이 무엇을 생각하고, 몸이 어떻게 느끼고 있는지 차분하게 알아차리는 일.

먹잇감 : 짐승이나 물고기 따위의 먹이가 되는 대상.

명상 : 침묵하며 혹은 긴장을 풀기 위한 문구를 읊조리며 일정 시간 동안 정신을 집중하는 것.

문제 : 해결하기 어렵거나 난처한 일.

미생물 : 눈으로는 볼 수 없는 아주 작은 생물.

별거 : 부부나 가족이 따로 떨어져 사는 것.

생존 : 살아 있거나 또는 살아남은 상태.

세로토닌 : 뇌에서 분비되는 기분을 좋게 만드는 화학 물질.

소화 : 음식물을 배 속에서 분해하는 일.

스트레스 : 적응하기 어려운 상황에서 느끼는 심리적 혹은 신체적 부담이나 긴장 상태.

시상 : 뇌에서 교환기 역할을 하는 한 쌍의 회백질 영역.

시상 하부 : 뇌의 앞쪽에 위치한 영역.

앞이마 겉질 : 뇌의 맨 앞쪽에 있는 영역.

엔도르핀 : 뇌에서 분비되는 고통을 줄여 주는 화학 물질.

옥시토신 : 껴안으면 증가하기 때문에 '포옹' 호르몬이라고 불리는 호르몬.

요가 : 건강과 긴장 완화를 위해 호흡을 가다듬으며 취하는 특정한 심신 단련법.

위 : 배 속에서 음식이 소화되는 곳.

이혼 : 부부가 결혼 관계를 법률적으로 끝내는 일.

잠 : 눈이 감긴 채 의식 활동이 쉬는 상태.

증상 : 병을 앓을 때 나타나는 여러 가지 상태나 모양.

집중 : 한 가지 일에 완전히 주의를 기울이는 것.

해마 : 뇌에서 감정과 기억을 담당하는 중심 부분.

호르몬 : 우리 몸의 한 부분에서 분비되어, 특정한 행동을 이끄는 혈액 속 물질.

혼합 가족 : 부부와 각자 예전의 관계에서 태어난 자녀들로 이루어진 가족 형태.

화학 물질 : 화학적 방법에 따라 만들어진 물질.

찾아보기

ㄱ
감사 19, 20-23, 29, 42
감정 5-13, 34, 40, 47, 55, 67, 70
걱정 5, 25, 47-49, 51, 53, 57
경험 53
공평함 36
과학자 7, 18-19, 49-51, 69
긴장 9, 11, 24-28, 33-35, 46, 51

ㄴ
뇌 8-9, 11, 16-17, 33, 41, 46, 50-51
눈물 50, 60-61
느낌 5, 8, 10, 29, 41, 53

ㄷ
도파민 16
두려움 7, 11-12, 45, 47-48

ㅁ
마음 챙김 28
명상 28
미생물 51

ㅂ
반려동물 70-71
변화 32, 50, 54-56
별거 54
불공평 37-39
불안 50, 52

ㅅ
생존 12, 50
세로토닌 16
소화 24, 46, 51
스트레스 9, 17, 24-25, 33-34, 41, 46, 49, 61
슬픔 7, 11-13, 59-60, 62, 70
시상 8-9
시상 하부 8-9

ㅇ
앞이마 겉질 8-9
엔도르핀 16, 61
옥시토신 16
왕따 64-67
요가 27
우정 5, 69
웃음 17, 19
위 41, 46
이혼 54

ㅈ
잠 24-25, 50
조언 구하기 66
질투 11, 34, 40-42
집중 24, 29, 41

ㅊ
침착함 4, 6

ㅌ
특별함 22, 43, 52, 68, 74-75

ㅎ
해마 8-9
행복 15-21, 24, 40
혐오감 6, 10, 13, 41
호르몬 9, 24-25, 33, 41, 46, 61
호흡법 26, 38, 49
혼합 가족 57
화 7, 31-35, 37-39, 70
화학 물질 9, 16-18, 41

고마운 분들

DK는 작업에 도움을 준 색인 마리 로리머(Marie Lorimer), 교정 캐롤린 헌트(Caroline Hunt), 디자인 어시스턴트 벤 파타네(Ben Patané)에게 감사를 표합니다. 덧붙여 사진 사용을 허락해 주신 많은 분들에게 감사 말씀을 드립니다.

(Key: a-above; b-below/bottom; c-centre; f-far; l-left; r-right; t-top)

8 Science Photo Library: John Bavosi (cr). **10 123RF.com**: Iryna Bezianova / bezyanova (b). **11 123RF.com**: Iryna Bezianova / bezyanova (bl, br, bc). **14 123RF.com**: Choreograph. **16 123RF.com**: Alexassault (bc). **17 Depositphotos Inc**: Serrnovik (l). **21 123RF.com**: Bartkowski (b). **Dorling Kindersley**: Natural History Museum, London (fcl); Stephen Oliver (cb/Ice lolly). **Dreamstime.com**: Tracy Decourcy / Rimglow (bc); Vaeenma (br). **24 123RF.com**: Wavebreak Media Ltd (b). **28 123RF.com**: pat138241 (b). **29 123RF.com**: michaeljayfoto (cb); Roman Sigaev (t). **Dreamstime.com**: Glinn (crb/Grass); Mikhail Kokhanchikov / Mik122 (crb); Larshallstrom (b). **30-31 Depositphotos Inc**: GeraKTV (b). **30 123RF.com**: Sergey Oganesov / ensiferum. **32 123RF.com**: alhovik (tl); Wang Tom (clb); Hyunsu Kim (cb); Ion Chiosea (bc). **34 Dreamstime.com**: Leonello Calvetti / Leocalvett. **38 123RF.com**: Janek Sergejev (c). **39 123RF.com**: Roman Sigaev. **41 iStockphoto.com**: EvgeniiAnd. **42 123RF.com**: Micha Klootwijk (Background); Cora Muller (b). **44 123RF.com**: Yarruta. **46 Depositphotos Inc**: Maxximmm1 (br). **Dreamstime.com**: Glinn (clb, bl). **47 123RF.com**: michaeljayfoto (cb/Grass border); Roman Sigaev (c). **Dreamstime.com**: Glinn (cb). **48 Dreamstime.com**: Zokad182g (tl). **51 Dreamstime.com**: Piotr Marcinski / B-d- s (c). **52-53 Dreamstime.com**: Larshallstrom (b). **54 123RF.com**: Maksym Bondarchuk / tiler84 (crb); Nontawat Boonmun / porstock (cb); Julia Moyceenko / juliza09 (cb/Violets pot); Denys Kurylow / denyshutter (b). **54-55 123RF.com**: Roman Sigaev (t). **Dreamstime.com**: Glinn (Background). **55 123RF.com**: jessmine (bc/Purple watering can); Alexander Morozov (bc). **56 123RF.com**: syntika82 (tl, bc). **57 123RF.com**: syntika82 (b). **58 123RF.com**: lucadp. **60 123RF.com**: Anurak Ponapatimet. **61 Dreamstime.com**: Andrey Eremin / Mbongo (bc). **64 123RF.com**: Valeriy Lebedev (Shadow); Wavebreak Media Ltd (br). **66-67 Dreamstime.com**: Larshallstrom. **69 Alamy Stock Photo**: Alpha Historica (tl). **Dreamstime.com**: Larshallstrom (r). **70 123RF.com**: Csanad Kiss / vauvau (crb). **71 123RF.com**: Antonio Gravante (cl). **74-75 123RF.com**: sxwx (t). **74 123RF.com**: Pteshka. **75 Alamy Stock Photo**: F1online digitale Bildagentur GmbH. **76 Alamy Stock Photo**: Hero Images Inc.. **79 123RF.com**: Roman Sigaev

All other images © Dorling Kindersley
For further information see: www.dkimages.com

옮긴이 박우정

경북대학교 영어영문학과를 졸업하고 현재 인문서와 어린이 도서 전문 번역가로 활동하고 있습니다. 옮긴 책으로 《야행성 동물》《동물백과》《어류백과》《야성의 부름》《별들의 이야기》《우주에는 무엇이》《나의 비밀 친구》《기똥찬 인체》《기똥찬 생물학》 등이 있습니다.